AF315224

VICES

ET DÉFECTUOSITÉS

DE L'ACTE ADDITIONNEL

AUX CONSTITUTIONS DE L'EMPIRE,

En date du 22 Avril 1814.

~~~~~~

PARIS,

CHEZ LES MARCHANDS DE NOUVEAUTÉS.

1815.
~~~~~~

DE L'IMPRIMERIE DE MADAME VEUVE JEUNEHOMME,
rue Hautefeuille, n° 20.

VICES

ET DÉFECTUOSITÉS

DE L'ACTE ADDITIONNEL

AUX CONSTITUTIONS DE L'EMPIRE,

En date du 22 Avril 1814.

Pour examiner avec fruit un travail d'où dépendent l'existence physique et morale d'un grand peuple, il faudrait calculer l'étendue du territoire, sa fertilité, sa population, se bien fixer sur les mœurs actuelles de ses habitans. Les réflexions que ces connaissances préliminaires auraient fait naître, devraient ensuite être mûries par le temps et dans le silence de la méditation. Pour tout cela, il faudrait au moins un délai de trente à quarante jours.

Le décret impérial du 22 avril, qui ordonne la présentation de l'acte additionnel à l'acceptation du peuple français, porte, article 2, que les registres sur lesquels les Français seront appelés à consigner leurs votes s'ouvriront *deux jours, au plus tard, après la réception du Bulletin des lois, et resteront ouverts pendant dix jours.*

Ce délai est évidemment trop court ; il est impossible que les publicistes qui résident sur les frontières de l'empire puissent faire connaître leurs observations, et le fruit de leurs méditations se trouve perdu pour leurs concitoyens.

Ainsi, l'acceptation de l'acte additionnel à nos lois constitutives se ressentira de la précipitation occasionée par le peu de délai que l'on aura eu pour l'examiner. Une semblable précipitation a présidé à sa rédaction : il est facile de s'en convaincre par le plus léger examen.

Et puisque nous parlons du décret qui détermine le mode de l'acceptation, nous devons observer que le vœu de ce décret *ne peut être rempli.* L'article premier appelle tous les Français à consigner leur vote sur les registres qui seront ouverts. Les rédacteurs de ce décret n'ont pas pensé que, dans l'armée et dans les provinces, la grande majorité des Français *ne savait point écrire,* qu'ainsi il serait impossible de connaître le vœu de tous les Français. Une addition à l'article dont il s'agit, aurait rectifié cette omission, en autorisant les secrétaires des administrations et des municipalités, les greffiers des tribunaux et des juges de paix, les notaires et les chefs de corps, *à consigner sur les registres tenus par eux le vœu des citoyens qui donneraient leurs noms et demeures.* Le certificat des fonctionnaires aurait légalisé ces déclarations. Par ce moyen, nos soldats et les habitans de nos campagnes, chez qui, nous devons le dire, l'honneur national s'était réfugié lorsqu'il ne trouvait plus d'asile dans les premiers corps de l'État, seraient plus particulièrement liés à la cause de la nation et de son souverain, et seraient plus que jamais convaincus que les regards du père de la patrie se reposent sur leurs toits de chaume, comme sur les palais des riches.

Une loi constitutive devrait être vue dans son ensemble : pour examiner la nôtre, il faudrait avoir sous les yeux les actes constitutionnels des 28 frimaire an 8, 14 et 16 thermidor an 11, et le sénatus-consulte du 28 floréal an 12, qui a conféré à Napoléon le titre d'empereur; mais cet examen nous entraînerait trop loin, il suffit aujourd'hui d'indiquer, article par article, les défectuosités de l'acte additionnel du 22 avril.

Art. 3. La première chambre, nommée *Chambre des pairs*, est héréditaire.

Art. 4. L'Empereur en nomme les membres, qui sont irrévocables, eux et leurs descendans mâles, d'aîné en aîné en ligne directe. Le nombre des pairs est illimité.

Par un décret impérial, donné à Lyon, le 13 mars 1815, *la noblesse avait été abolie*. Ces deux articles la rétablissent héréditairement, et ce n'est pas là bien certainement le vœu de la France. Le seul mot de PAIRS est fait pour déplaire, il porte avec lui un caractère de *supériorité* qui ne peut convenir à une nation composée de citoyens égaux devant la loi, et qui se glorifient de cette égalité constamment proclamée depuis plus de vingt-cinq années. Ce mot, dans son origine, était synonyme d'*égal;* aussi les premiers pairs de France avaient-ils la prétention d'être les *égaux du souverain.*

Le rétablissement de la noblesse est également contraire aux intérêts du souverain et aux intérêts du peuple. Celui que sa nais-

sance seule comble de biens et d'honneurs
est naturellement porté à l'égoïsme , en ce
qu'il n'a nul besoin de ses concitoyens : le
prince, qui ne peut plus lui donner cette
récompense de ses services, ne doit point,
par la même raison , compter sur lui. On
peut voir ce qu'ont été les nobles dans les siè-
cles passés ; leur sang leur a toujours paru
trop précieux pour être versé à la défense du
trône. Et sans chercher des exemples éloignés,
n'avons-nous pas vu, il y a deux mois, les
nobles de Louis xviii , pour qui tous les Français avaient été sacrifiés , fuir lâchement à la
seule idée du danger ; ils perdaient tout en
perdant leur roi ; leur intérêt les portait à le
défendre ; mais l'idée de la conservation de
leurs *personnes* a été la plus forte.

L'article 4 est calqué sur l'article 27 de
la charte *prétendue* constitutionnelle que
Louis xviii nous avait donnée ; l'auteur du
Règne de Louis XVIII a fait sur cet article,
page 26 de son ouvrage, une observation im-
portante , et qui s'applique parfaitement à
l'article 4 de notre Acte additionnel.

« Il est à remarquer , dit-il, que la chambre
» des pairs n'offrait aucune garantie à la
» nation, et ne la représentait en aucune ma-

» nière. L'article 27 de la charte donnait au
» roi le droit de nommer les pairs, et en illi-
» mitait le nombre. Or, si une loi proposée
» par le roi n'avait pas obtenu la majorité
» des suffrages, il dépendait du roi de créer
» de suite un nombre de pairs suffisant pour
» arriver à cette majorité : ainsi la chambre
» des pairs ne pouvait pas, en délibération,
» avoir une volonté autre que celle du roi. »

Cette chambre n'est, s'il est permis de s'exprimer ainsi , qu'*une cinquième roue à la
voiture de l'État;* elle ne concourt en aucune manière au mouvement de la machine
politique.

Art. 9. Le président de la chambre des représentans est nommé par la chambre; sa nomination est
soumise à l'approbation de l'empereur.

La chambre des pairs n'offrant aucun caractère de représentation nationale, et ne
paraissant créée que pour assurer des dignités
aux grands de l'empire et à leurs héritiers,
la nation aurait peut-être eu le droit de penser
qu'elle devait être libre dans le choix de ses
représentans, et que ces mêmes représentans
devaient être libres dans la nomination de
leurs officiers. Ces deux priviléges lui sont
enlevés, le premier par l'article 29, ainsi que

nous le ferons voir ci-après, le second par l'article 9. Au surplus, nous devons observer que ce dernier article est plus libéral que l'article 43 de la charte du 4 juin 1814, qui n'accordait à la chambre des députés, que la faculté de désigner cinq de ses membres, sur la liste desquels le roi nommait le président.

Art. 21. L'Empereur peut proroger, ajourner et dissoudre la chambre des représentans. La proclamation qui prononce la dissolution convoque les colléges électoraux pour une élection nouvelle, et indique la réunion des représentans dans six mois au plus tard.

Le peuple français fut peu satisfait de l'article 50 de la charte constitutionnelle du 4 juin, par lequel le roi se donnait le droit de dissoudre la chambre des députés. Cet article se trouve reproduit dans notre nouvel acte constitutif ; ainsi la nation, dans la personne de ses représentans, *n'est point libre.* Par la seconde disposition de cet article, la nation peut se trouver sans représentation pendant six mois au moins. L'ensemble de ces deux dispositions anéantit, à peu de chose près, la chambre des représentans ; ses pouvoirs sont absolument subordonnés à la volonté du prince ;

si elle veut opposer la moindre résistance, elle peut ne plus exister.

Art. 23. Le gouvernement a la proposition de la loi ; les chambres peuvent proposer des amendemens : si ces amendemens ne sont pas adoptés par le gouvernement, les chambres sont tenues de voter sur la loi, telle qu'elle a été proposée.

Cet article ne donne pas à la chambre des députés le droit de *discuter* la loi ; elle peut proposer des amendemens, mais si ces amendemens sont rejetés, il faut qu'elle vote *oui* ou *non*. Ainsi la chambre des députés pourra se trouver obligée de rejeter une loi de vingt articles, à cause d'un seul d'entre eux.

Art. 29. A dater de l'an 1816, un membre de la chambre des pairs, désigné par l'Empereur, sera président à vie et inamovible de chaque collége électoral de département.

Les colléges électoraux étant présidés par un pair de France, agiront d'après l'impulsion qui leur sera donnée par ce président. A Paris, un pair de France vivra inconnu ; en province, ce sera un grand personnage ; les membres des colléges croiront voir arriver avec lui les décorations, et lui seront entièrement subordonnés. Aussi les délibérations des colléges électoraux ne seront point libres ; j'en appelle à tous les membres de ces colléges.

Art. 39. Les ministres sont responsables...

Les ministres peuvent être accusés par la chambre des représentans, et, dans ce cas, ils sont jugés par celle des pairs ; mais les ministres n'auront rien à craindre avant d'être mis en accusation, ils pourront être parvenus aux bornes de la terre. Pour avoir le droit de les mettre en accusation, la chambre des représentans doit observer quatre différens délais, de dix jours chacun, d'après les dispositions des art. 44, 45, 47 et 48.

Cette responsabilité des ministres, à cause de ces difficultés, ne résidera que dans la loi. Cependant elle eût été d'un bien plus grand intérêt et pour la nation et pour le souverain.

On peut faire d'autres reproches très-graves à l'*Acte additionnel :*

1º Il ne présente point dans sa forme les principes d'un traité entre la nation et le souverain ; la nation ne paraît y concourir que par l'article 67, qui en forme la clôture. Cet acte devait lier de nouveau le peuple et l'empereur ; il devait former un contrat *bilatéral,* et c'était là bien certainement l'intention première de l'empereur.

2° Il devait être *discuté*, article par article, par les représentans du peuple, qui auraient pu proposer des modifications, des amandemens; c'était encore le vœu primitif de S. M., exprimé dans un décret rendu à Lyon, le 13 mars, qui porte textuéllement que *les colléges électoraux seront réunis à Paris, afin de prendre les mesures convenables pour corriger et modifier nos constitutions suivant l'intérét et la volonté de la nation* (1).

3° Il porte atteinte au principe immuable *que le souverain tient l'existence de la nation;* de ce principe découle naturellement le droit, que cette nation ne peut perdre, de stipuler ses intérêts avec le souverain qu'elle a nommé. Dans la forme adoptée dans la rédaction de l'Acte additionnel, ce droit est méconnu, en

---

(1) C'est d'après ce principe, que le conseil d'état, dans sa délibération du 25 mars 1815, a dit: « Pour » mieux consacrer les droits et les obligations du » peuple et du monarque, les institutions nationales » doivent être revues dans une grande assemblée des » représentans, déjà annoncée par l'Empereur. » Ce but est manqué; les fonctions de l'assemblée paraissent aujourd'hui être bornées à un simple dépouillement de votes.

ce que ce même acte a plutôt la forme d'un *décret*, que d'un *traité*.

Plusieurs autres articles, tels que l'article 21, à cause de la disposition qui autorise la chambre à se former en comité secret, tels que l'article 59, qui, en prononçant que les Français sont égaux devant la loi, semble impliquer contradiction avec l'article qui appelle les fils des pairs à siéger au lieu et place de leurs pères, sont, en ce moment, le prétexte bien plus que le motif réel d'un déluge de plaintes et de criailleries qui paraissent avoir pour but d'inspirer des craintes à la nation, et de la séparer de son chef, le seul capable de conserver son indépendance. Mais il est des êtres, à Paris, pour qui la médisance est un besoin journalier. En blâmant les dispositions de ces deux articles, ils ne cherchent point à y porter un correctif, en proclamant les bienfaits assurés par l'article 35, qui porte qu'aucun impôt, *direct ou indirect, en argent ou en nature,* aucune inscription de créance au grand livre, et *aucune levée d'hommes,* ne peuvent être ordonnés qu'en vertu d'une loi ; par l'article 36, qui attribue à la chambre des représentans *seule* le droit de connaître des propositions d'impôts et de levées d'hommes, et par l'article 64, qui assure la liberté de la presse.

Les vrais amis du trône s'élèvent aussi sur les fautes et les erreurs qui se sont glissées dans l'Acte additionnel à nos lois constitutives, et que je crois avoir signalées ; ils désirent que les articles qui contiennent ces erreurs soient réformés, mais ils le désirent pour le maintien du trône, pour la tranquillité future du peuple français, et, s'il leur est permis d'exprimer leur vœu, je puis dire pour tous les vrais Français, qu'ils eussent mieux aimé voir renvoyer l'examen d'un acte, qui doit unir pour jamais la nation à ses souverains, à des jours plus calmes, à ces jours qui ne sont pas éloignés, et qui verront le héros ami de la France rentrer triomphant dans les murs de sa capitale, le front ombragé par les lauriers de la victoire, et la main ornée de l'olivier consolateur.

FIN.